무질서한
무의식의
향연

난화이야기

무질서한
무의식의
향연

난화이야기

원종아

도서출판 디자인21

들어가는 말

어린아이들은 그릴 수 있는 곳이라면 가리지 않고 자신의 영역표시 인양 낙서를 합니다.

그들은 의미를 가지고 낙서를 하고, 그 의미를 어른들에게 신기한 진실을 대하듯 조심스럽지만 당당하게 알려주죠. 어른의 눈으로 봤을 때는 그저 평범하게 찌그러진 두 겹의 원일 뿐이지만, 자랑스럽다는 듯 상기된 표정으로 "이건 엄마야"라고 말합니다.

미술치료에서는 이런 아이들의 그림 놀이에서 착안해서 난화기법을 사용하고 있습니다. 다양한 방법들이 있으나, 저자가 주로 사용하는 방법은 낙서에서 하나의 커다란 의미 있는 이미지를 찾아, 누가 보더라도 그것처럼 보이게 보강하는 것입니다. 그리고는 이미지에서 창작자와 관련된 의미들을 되짚어 봅니다. 쓸데없는 낙서가 마음 지도가 되는 순간입니다. 오랜 고민과 탐색이 필요한 순간도 있습니다. 오랜 시간의 숙고만큼 통찰의 강렬한 맛도 개운하게 느껴집니다. 이미지는 시간을 두고 아주 오랜 시간을 보내며 의미를 찾아야 하는 경우도 있습니다. 때로는 당장 찾은 의미가 전혀 다른 의미로 다가오기도 합니다.

중요한 것은 그 의미 없는 낙서에서 몸속 깊은 곳에 숨겨졌던 무의식이 안부의 편지를 보내는 것처럼 해묵은 이야기를 연상하기도 하고, 멀지 않은 미래의 이야기가 예고되기도 합니다. 감동과 희열이 몰아치는 순간입니다. 저명한 정신분석의 창시자 프로이트(Freud)는 '이미지'를 잊어지거나 억압된 개인적 기억의 표상이라고 보았습니다. 즉 의식에서 해결되지 못하면 의식 밖으로 밀어내어 무의식의 방에 억류시킵니다. 무의식에 억류된 것들은 의식을 혼탁하게 만들며 부정적인 영향을 미칩니다. 따라서 무의식에 잠식된 것을 최소화하기 위한 노력으로 이미지를 사용하여 개인의 기억을 떠올리고 해결하는 과제를 통해 의식적인 개인으로 존재할 수 있습니다.

물론 무의식을 의식화하는 작업이 쉽고 유쾌하지만은 않습니다. 또, 개인이 아무런 지식 없이 혼자 할 수 있는 작업도 아니죠. 그러나 적어도 개인의 해결해야 할 해묵은 과제를 처리하기 위한 노력과 시도만으로도 무의식 그릇의 짐을 덜 수 있다면 한 번쯤 해 볼 만 하지 않을까요? 어쩌면 당신의 찌들고 부패한 무의식은 순수한 당신으로서 행동하지 못하게 하고 있을지도 모릅니다. 그래서 자신도 모르게 이상한 행동이나 말이 튀어나와 당혹해하고 있지는 않나요? 그렇다면, 난화 작업을 통해 도움을 받아보시겠어요?

이렇게 해 보세요.

주로 사용하는 손은 좀 쉬게 둡시다. 아침부터 끊임없이 제 할 일 이상을 처리하느라 쥐가 날 정도일 겁니다. 대신, 잘 사용하지 않는 손에 주목해 볼까요?

오늘 느낌과 닮은 색을 선택해 보세요. 색연필, 크레용, 오일파스텔 자유롭게 사용할 수 있습니다. 그런데, 어떤 경우는 양손을 자유롭게 사용하기도 하죠. 그런 경우에는 덜 사용하는 손이나 발을 이용해 볼 수도 있습니다. 어린아이들이 그러하듯 큰 근육을 움직여 계획하지 말고 선 여행을 떠나보세요. 손을 사용한다면 어깨 근육을, 발을 사용한다면 허벅지 근육을 사용하면 좀 더 계획되지 못한 선들이 나올 겁니다. 종이에 선들이 빼곡해야 모양을 찾는데 수월합니다. 마구잡이 선들이 그어졌다면, 시계방향으로 천천히 돌려가며 연상되는 모양을 찾아보세요. 여러 각도에서 다양한 모양이 한꺼번에 보일 수도 있습니다. 관심을 보이면 보일수록 점점 당신의 무의식 속 깨닫지 못한 메시지를 만나게 될 수 있습니다.

연상되는 모양을 찾았다면, 그것을 나든 누가 보더라도 알아볼 수 있게 다른 색을 추가하여 덧 그려주세요. 완성되었으면, 어떤 느낌이 올라오는지, 이미지가 어떤 이야기를 들려주는지 가만 귀를 기울여 봅니다. 좋은 이야기보다는 나쁘고 창피한 이야기가 떠오를 수도 있습니다. 거르지 말고, 있는 그대로 봐주고 호기심을 열어 받아들이다 보면, 조금씩 해소되기도 합니다.

발견한 느낌, 설명 등을 있는 그대로 옮겨 써 보세요. 그리고, 이야기의 제목을 정하여 쓰고, 작업한 날짜와 시간을 적어둡니다. 시간이 지난 후 들여다보면 또 다른 이야기가 연상될 수도 있습니다. 그 내용도 날짜와 시간을 첨가하여 적어보세요. 당신을 조금씩 알게 되고, 이해하며, 화해의 손을 내밀게 될 겁니다. 잘했고, 못했고는 중요하지 않습니다. 자신을 위해 움직이려는 당신의 노력이 멋질 뿐입니다.

출판을 위해 저자와 수련생 그리고 저자를 찾아오는 분들의 이미지가 쓰였습니다. 자신들의 창작품을 수록할 수 있도록 동의해 준 그분들의 헌신에 감사드립니다. 저서의 맥락을 위해 대부분의 문장은 저자의 언어로 기술되었음을 밝힙니다.

저자 원종아

차례

미술치료기법

난화

난화는 다양한 선을 이용하여 나타난 형상이나 이미지를 찾아서 보강하여 표현하는 미술치료 기법이다. 즉, 낙서(Scribble) 의미로서 어린 아동이 끼적거린 후 “엄마야”라고 명명하는 난화와 같다. 성인의 견해로는 그저 단순한 낙서처럼 보이지만, 어린 아동은 의미를 부여하여 명명한다. 우리는 이 속에서 아동의 무의식적 본능을 발견한다.

이를 통해 Cane(1954)과 Naumberg(1966)는 상호 이야기를 결합시켜 ‘난화 상호 이야기법(Mutual Scribble Story Marking; MSSM)’을 개발하였다. 우리는 이 그림을 통해 이야기를 만들고 자신의 무의식적 요소를 발견하고 나눌 수 있다.

어린 시절 목적 없이 마구잡이로 그려내는 난화는 벽, 방바닥, 창문, 책상 등 공간의 구애됨 없이 닥치는 대로 그림으로써 표현의 욕구 자체를 드러냈다. 이를 심리학에서는 기능적 쾌락이라고 부른다. Lowenfeld(1966)는 이러한 난화행동이 자유로운 행위에서 표현될 때는 비교적 내담자 자신의 직접적인 감정이 나타난 그림의 한 형태로서 표현하게 된다고 하였다.

이러한 난화를 통해 무의식적 본능과 억압된 정서가 표출된다.

은유적 의사소통을 돕고, 무의식을 의식화시켜 자신의 문제를 인식하게 돕는다.

내 자유

사람은 모두 각자의 목적이 있다.

이 목적을 이루게 되면, 우리는 그것을 '성공'이라고 부른다.

성공한 이들이 하는 말

'나처럼 해라, 그러면 성공할지니' 식이다.

그렇게 말하는 이들은 알지 못한다.

자신들이 이 세상 모든 성공의 극히 작은 부분이라는걸.

어쩌라고,

나는 나만의 기준, 나만의 성공을 찾아 출항할 것이다.

틀렸다고 말해도 상관없다.

나의 기준, 나의 가치에 맞으면 그게 성공이지 뭐.

나에게는 자빠지고 실패할 자유가 있다.

나에게는 홀로 주장하며 모험할 자유가 있다.

나에게는 어른들의 성공 반대편으로 걸어갈 자유가 있다.

지도에 없는 어느 바다에서
일렁이는 파도, 푸른 바다, 잔잔한 바람, 흐린 하늘.
평화롭지만, 언젠가 닥쳐올 위기를 얘기하는 것 같기도 하다.
자기 혼자 타고 있는 배가 항해 길에 올랐다.
항해는 안락한 쉼의 공간과 거대한 폭풍의 위기가 공존한다.
그래도 자기답게 기대와 흥분 그리고, 불안을 안고 홀로 항해를 감행한다.

자기만의 길을 걷는다는 것에서 삶의 의미를 찾는다.
때로는 큰 파도와 폭풍을 마주할 수도 있고,
새로운 섬에 안착해서 그곳 주민들과 평화로운 나날을 보내는 반복된 것이 삶일 거다.
위기란 성공 도중에 약간의 실패이거나,
끊임없이 반복되는 어른들의 잔소리와 마찰,
비교하며 주류를 따르라는 또래들의 압력,
그런 타인의 시비,
성적에서 자유로울 수 없는 학생의 슬픔,
진로나 삶에 대한 불안
등이 현실에서의 위기로 초래된다.

이미지와 설명에는 계속해서 숫자 2가 등장한다.
두 개의 돛, 배와 파도라는 두 개의 소재, 평온과 위기, 성공과 실패. 항상 무언가는 그다음 다른 무언가를 초래시킨다는 의미에서 숫자 2를 정의 내리고 있다.
창작자에게는 어른과 청소년이라는 의미로 표현되었지만, 외부의 압력과 그것으로부터 중심을 잡으려는 자아의 이분화된 표현일 수도 있다.

현재는 일렁이는 파도에 돛을 접고 편하게 있는 상태라며,
자기 의견을 거짐없이 밝히는 것에 대한 안도감을 드러낸다.
무모할 정도로 용감할 수 있는 중학생.
어른에 대한 반항과 자기의 견해를 주장하는 것이
일상에서는 제지되는 그 자체가 부당하다는 의견일 거다.
두 개의 돛을 단 배의 항해가 파도라는 접시로 인해 안전이 보장되는 것처럼 볼 수도 있지만, 당사자의 심경에는 그저 갑갑해 보이기만 한다. 파도가 어른의 잔소리이자 간섭과 비난이라면, 포위된 배는 창작자 자신을 은유한 것으로 보인다. 즉, 어른의 간섭에서 자유롭고 싶은 항해를 꿈꾸지만, 그러지 못하고 있는 창작자의 불만을 드러내고 있다.

청소년은 소속에 대한 높은 욕구 및 기대 수준으로 인해 외로움에 취약하다(신지은, 김가영, 2018). 그래서 창작자는 항해 중에 쉴 수 있는 섬을 선택하고 그곳에서 사람들을 만나 소속되고 싶은 욕구를 재치 있게 드러냈다.

또한, 자신의 신체, 안면구조, 감정, 사고력에서 나타나는 두드러진 변화에 사로잡혀 있어서 자기중심적일 수밖에 없다(Elkind, 1996). 이런 청소년의 자기중심적 성향을 개인적 우화라고 하는데, 전능감을 가지고 자신만은 나쁜 결과로부터 안전할 거라는 낙관적 희망을 일컫는다. 이러한 자신감은 자기 비관이라는 극단적인 동요(Hall, 1904)로 연결되는데, 자신만만한 기대가 좌절되면 한없이 비관적인 태도로 깨지기 쉬운 얇은 유리와 같다. 이 시기에 경험하는 비극적인 경험은 지극히 개인적이고 집단적이다.

청소년기는 부모로부터 벗어나려는 발달과업의 실행으로 사회적 범주가 가족 외부의 또래관계로 확장된다. 그러나 인정의 승인에 있어서는 안전하지 않기에 감정적 격변의 요인이 된다(고수진, 2023). 따라서 창작자가 품고 있을 또래의 압력과 성인들과의 마찰을 파도라는 소재를 통해 가늠해 본다. 그럼에도 창작자는 기성에 대한 억울함에 그들보다 높은 수준으로 상승하려는 어린 기세를 드러내고 있다.

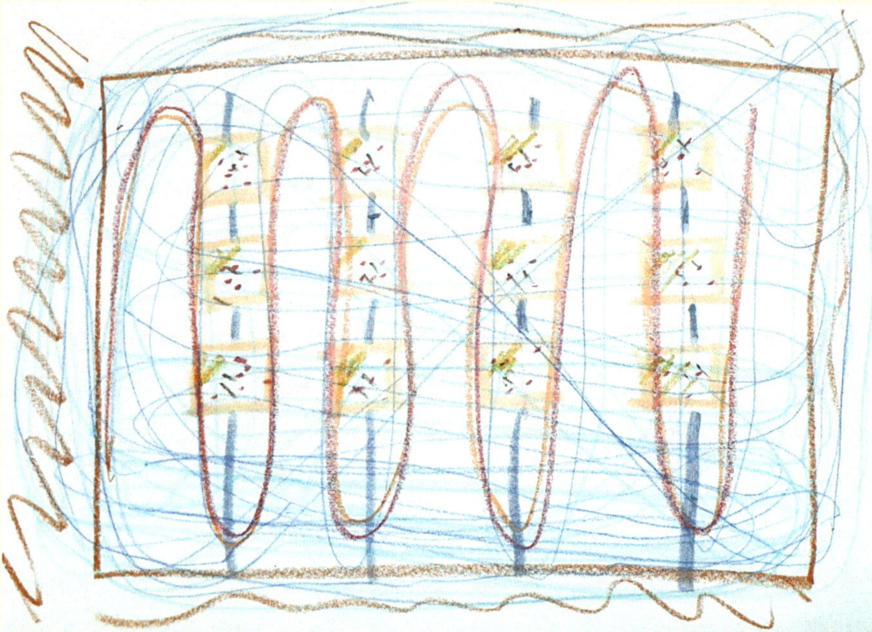

양꼬치

양꼬치를 좋아하는 아버지와 딸의 난화이다.
부녀는 의논하여 작업을 시작했으며, 딸이 먼저 아버지를 리드하게 되었다.
딸은 자신의 선을 곤혹스러워하며 딸의 선 옆에 새 선을 만들며 따라오는 아버지에게 장난을 걸었고, 아버지는 딸에게 '기다려 줘'라는 부탁 같은 애원을 한다. 그럴수록 딸은 더욱 흥이 난다. 마치 아버지에게서 멀찍이 앞질러 달아나고 있는 모습처럼 보인다.
순서를 바꿔서 아버지가 리드하고 딸이 따라가는 장면에서는 리드하는 것에 어려움을 경험하며 지나치게 조심스러워하는 아버지의 모습이 인상적이다. 딸은 아버지의 선을 따라가기보다 함께 새로운 선을 만들어 가는 모습을 취한다.
딸은 리드하거나 따라가는 것이 어렵지 않았고, 모든 장면에서 유쾌함을 발생시킨다.
아버지는 딸을 리드하는 것이 더 편하다고 말하지만, 속사정은 그 반대다.

아버지는 딸 양육에서도 지나치게 조심하며, 도리어 딸의 자율적인 행동에 따라가는 것을 선호하는 경향이 있다. 이런 양육은 자녀에게 혼란과 모호함에 빠지게 한다. 반면, 딸은 아버지의 선을 따르기보다 같이 선을 만들며 동행 하는 모습을 보이는데, 어른이나 권위에 대한 도전으로 보일 수 있다. 혹은 타인에 대한 기다림의 문제일 수도 있겠다. 어쨌든 이것이 현행 학교 장면에서는 문제가 될 수 있는 부분이다. 그들은 서로 주고받은 낙서에서 양꼬치를 발견하여 덧그려 설명한다.

4개의 양꼬치가 맛있게 구워졌다.
딸과 아버지, 치료사가 하나씩 나눠 먹는다.
그리고 남은 하나는 포장하여 집에서 사신들을 기다리고 있을 언니에게 가져다줄 것이라고 했다. 딸은 엄마에게는 주고 싶어 하지 않았으며, 그것에 대한 부연 설명으로 아버지는 엄마가 너무 멀리 있어서 불가능하다고 덧붙인다.
딸은 그 말에도 강하게 거부하며, "필요 없다"고 한다.
원망 서린 그 익숙한 말투가 엄마를 한 문장으로 "곤란스러운 대상"이라고 정의한다.

어릴 때부터 필요한 순간마다 엄마는 없었다.
비 오는 날 우산을 가져다 준다거나, 속상할 때 따뜻하게 격려를 해준다거나, 학교나 교우 문제를 함께 고민하는 일도 없었다. 어려서야 당연히 바라고 원망했지만, 청소년이 된 이제는 그냥 무시 삼아 밀쳐두는게 마땅한 대상도 있다.
그렇게 자녀로부터 밀쳐진 사람인 줄도 모르고, 자신의 성장과 야망을 위한 일이 전부였던 사람이 바로 엄마다.
늦은 시간 시장기로 인해 먹을 것이 떠오르는 것은 당연한 일이다. 그러나 피양육자 입장에서는 온전한 양육에의 욕구가 충족되지 않아서 불안정성을 갖는 경우 관련된 어려움을 음식으로 표현하기도 한다.
내가 바라는 포근한 양육, 남들에게서 들었던 안전한 양육 그것이 식탁 위의 음식이란 소재로 은유 된다. 반면, 차갑게 날이 서고 대부분의 시간에 부재한 양육도 비슷하게 표현된다.

애틋한, 사랑

애틋함, 사랑

나 여기 있어
날 좀 봐줘
내가 온전히 당신을 소유하려 하듯
당신도 온전히 내게 소속되어 주면 좋겠어요.

당신이 다가올 때
나의 온몸은 감전 상태.
그래도 내가 인사를 하면
당신은 좀 더 길고 다정하게 미소까지 보내주길
나는 차갑게 얼어 붙어있으니
따뜻한 당신이 좀 다가와 주세요.

창작자는 여러 해 동안 사람을 기다리고, 상처받고, 공격한다.
홀로 기획하고 각본을 만들고, 연기하는 모노드라마처럼
자신이 바라는 이상형을 보면 충동적인 기대 속에 빠진다.
상대방에게 웃으며 인사하면,
더 반갑고 애정 어린 눈빛으로 응대해야 한다는 자기만의 시나리오가 있다.
자신이 열 마디를 건네면,
상대방은 다정한 미소와 더 긴 문장으로 응대해야 한다는 집념 어린 신념
그런 반응이 무너지면 주체할 수 없는 분노가 치솟는다.
거부당했다는 생각이 온몸을 휘저으며 반추된다.
좌절과 절망의 소낙비에 흠뻑 젖는다.
괜시리 억울하고 분하다.
그런 상태가 지속되면, 화를 내지를 수밖에
그렇게 상대방을 공격한다.
폭언과 자학적인 말투
그것을 쐬기처럼 내뱉고 도망친다.

그에게는 따뜻하게 이해하고 수용하며 돌보던 엄마가 부재했다.
늘 또래와 비교하고, 평가하며, 진단명을 난발하던 엄마

자식보다 자기가 너무 많아 마음속이 그득했던 엄마
어둡고 눅진해서 마음졸이게 했던 엄마
엄마를 웃기지 못하는 자신을 탓하며 조심하던 순간들
그런 어린 시절을 고단하게도 건너왔다.
그 어린 과거가 청년이 된 지금까지 발목을 잡을 거라곤 생각지도 못했다.
그저 늦되고 어눌한 자기 탓이라고 자책했다.
엄마 말처럼 전두엽이 덜 발달해서 사이코패스처럼 된 거라고 낙인을 찍어 보았다. 그럴수록 자신이 너무 무서워진다.
이러다가 흉악범이 되어 뉴스거리가 되기라도 하면 어쩌나.
그 전에 자신을 어떻게 해야 할 것 같다는 조바심이 가위에 눌려 꼼짝도 못하는 상황을 초래한다.
'이생망(이번 생은 망했다)'이라는 말을 한숨처럼 몰아쉰다.

☆☆☆

제임스(James, 1994)가 제안한 초기 애착자의 사명에 대해서 다시금 생각해 볼 수 있는 시간이다.

초기 애착자란 제공자로서, 보호자로서, 안내자로서의 역할을 병행하여 자녀의 세계를 구성하는 적극적인 주체로서의 양육자(어머니 역할자)를 의미한다.

제공자는 생존에 필요한 것과 삶의 유희를 제공하고,

보호자는 세상의 위협으로부터 안전을 보장하며 틀을 제공하고,

안내자는 너와 나, 세상의 이치에 대해 안내하고 환경을 창조한다.

이를 바탕으로 자녀는 자신의 주어진 환경과 타인에 대해서 안전한 애착을 형성하여 살아가게 된다. 물론 안전하기만 한 것은 또 다른 위협을 초래한다. 따라서 충분히 좋은 엄마(good enough mother)라는 위니코트(Winnicott, 1965/2000)의 말을 되새겨 본다. 절대적이거나 완벽한 것이 아니라 이 정도면 충분하다는 의미의 그런 엄마. 엄마도 사람인지라 늘 방끗거리며 좋은 사람일 순 없지만, 적어도 긍정적인 경험이 부정적 경험보다 많이 채워질 수 있는 정도의 엄마를 의미한다. 그런 엄마가 채워지지 못하면, '양꼬치'의 창작자처럼 엄마를 밀쳐버리게 된다. 우리는 이런 사례를 유명한 화가 반 고흐나 뭉크의 이미지와 생애사에서도 볼 수 있는데, 비어있는 엄마의 자리를 다른 이성에게서 채우려 성공할

수 없는 노력을 기울이기도 한다.
슬프고 마음 절인 일이다. '애틋함, 사랑'의 창작자처럼 "이생망"이라고 좌절하지 말자. 쉽진 않겠지만, 우리에겐 영특하게 대체물을 찾는 재주가 있다. 고흐나 뭉크처럼 대체물로서 자신의 특기를 활용할 수도 있다. 혹은 그것을 못 찾는다고 서글퍼할 필요도 없다. 차가운 엄마의 자리를 당신 스스로가 꽤 충분한 엄마로 채울 수도 있을 테니.

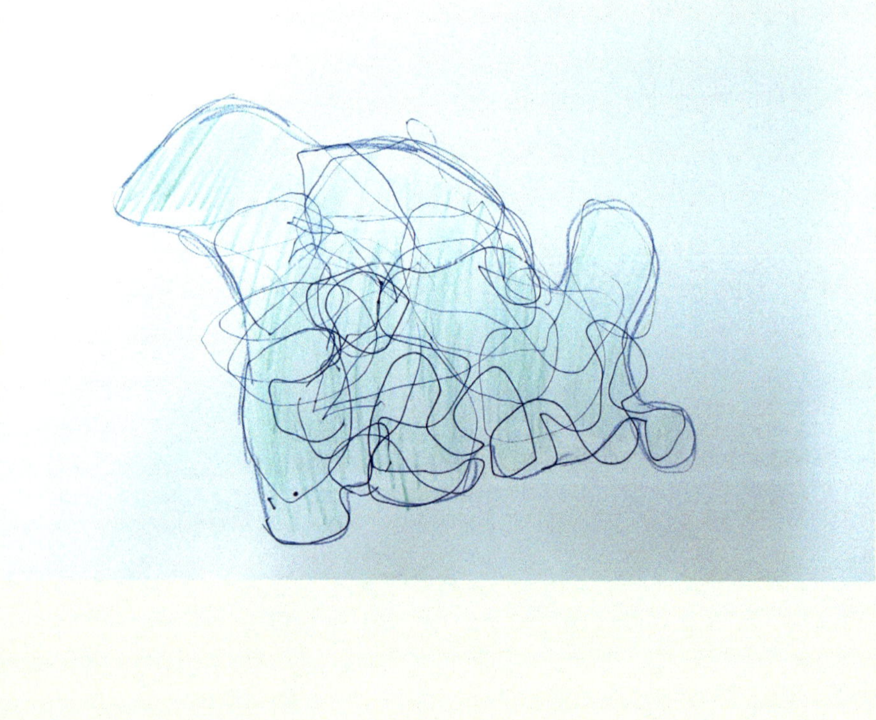

거대한 초식공룡

거대한 네 발 달린 동물,

공룡 같다.

커다란 네 발이 달린 초식일 거다.

공룡은 자신이 어디에 있는지 모르게 서성거린다.

길잡이가 필요해서 두리번거리다가

뒤편에서 길잡이의 모습을 발견한다.

이제 막 나타난 길잡이로 인해 안정감이 찾아든다.

곧 원하는 곳으로 움직일 수 있겠지?

신뢰와 설렘을 품어본다.

마음 한편이 따뜻해지도록.

한때의 패기 어린 실수는 깊은 실패로 젊음까지 낙오자의 늪에 빠뜨린다.

습관처럼 숨을 쉬다 오늘에 다다라서야 지나온 길을 씁쓸히 바라보게 된다.

그리고, 입을 떼었을 때 흘러나오는 소리

"나도 잘할 수 있었는데....."

누군가에게는 기회가 없어서, 또는 기회가 너무 많아서 오늘이 되었다.

너무 부족하면 원망하고 한탄하느라 시간이 흐르고,

너무 넘치면 고르고 선택하느라 시간을 놓친다.

부모가 너무 강렬해서, 누군가는 부모의 부재로 오늘이 되었다.

칼같이 예리한 권력에 찍소리 못 내고 순응하며 자학하거나,

텅 빈 가슴으로 칼바람 술술 들이키며 부재했던 누군가를 부르짖다가 제풀에 지친다.

그런데, 늦은 이제야 제 사연에 귀를 기울이고 마음을 내어주는 이를 만난다.

행운이라면 그래 마지막으로 한 번만 더 믿어보자.

이미 많이 밑졌지만, 그런 호사를 꿈꿔볼 수도 있지 않을까?

그렇게 내민 손을 마지못해 잡아본다.

그것이 '거대한 초식공룡'이 선택한 길잡이이다.

크게 웅크린 덩치와 커다란 발 네 개,

초식공룡이다.

본 적 없는 덩치려니 생각했는데,

느긋하고 순한 자신을 닮았다.

여기가 어디인지, 무엇을 해야 하는지 갈피를 못 잡는 모습,

익숙하게 눈길을 붙든다.

이도 저도 아닌, 무엇도 할 수 없는 자신의 모습이다.

그랬으니, 부모에게 소리 내어 반항 한 번 못 해봤겠지.

어딘지 모르는 곳에서 길잡이를 기다린다.

그런데 이미 길잡이는 초식공룡 뒤편에 있었다.

관성으로 숨을 내쉬지만, 종종 턱에 막혀 되돌아왔었지.

그러나 미술치료를 시작하고 요즘은 숨이 좀 쉬어진다.

초식공룡이 길잡이를 잘 따라 목적지까지 가게 되길 소망하면서.

중도에 길잡이의 발길을 놓치면 다시 방황하게 될까 걱정이다.

바짝 붙어야 하나 망설이며, 길잡이 눈치를 살핀다.

핑계 같은 허락이 필요한 순간이다.

학업이라는 중요한 과업을 놓치면, 방황이 시작되는 사회
방황보다 낙오자라는 시선의 꼬리표가 더욱 고통스럽다.
그러나 그런 통각은 때때로 사치다.
어디인지 모르는 깊은 구덩이에 빠진 느낌이다.
구덩이를 벗어나려면 안내자가 필요할 때가 있다.
특히나 오랜 시간 실패의 경험이 쌓일수록
몸은 더 무거워지고, 마음은 더 어려워진다.
그러니 누군가를 바랄밖에.
이미 부모는 내 삶에 공헌한 바가 크다.
"나 때는 말야"라는 자부심에서 시작해서
"넌 왜 그렇게 못하니?"라는 비난까지
그것들이 켜켜이 쌓여 오늘의 질망에 이르렀다.
물론 중간마다 곁들여진 지원이 있었지만,
아픈 말로 눈이 가려져 보이지 않을 수밖에.
그럴 때는 계속 같은 방법으로 할퀴을 주고받기보다
새로운 동반자를 찾아볼 수도 있다.

'부모-자식 간에 못 할 말이 어딨어?'
흔하고도 익숙한 뻔한 거짓말.
부모-자식 간에는 못 할 말이 많다

삼켜지지 않고 되새겨 곱씹으며 상처가 되는 말들이 너무 많다.
가깝고 친밀하기에 더 조심해야 하는 단어들처럼
다듬어지지 못한 둔한 날에도 베인 듯 상처가 생긴다.
부모는 자녀에게 강박에 걸려있는 듯
수많은 사례를 끄집어와서 잔소리로 샤워를 시킨다.
한결같은 그 꼼꼼함에 새파랗게 질리는 것은 자녀의 몫.

압도적인 부모에 대해서,
위축되고 거부할 수 없는 순응으로 제 상처를 덧내는 자녀의 경우 공룡 그림을 종종 그린다. 마치 공룡의 거대한 힘을 빌려와 현재의 난관을 극복하고 싶다는 욕망처럼.

슬픈 고래

아주 작은 양동이에 담긴 큰 물고기
조금의 움직임도 허용하지 않는 작은 공간
꼬리라도 한 번 움직여 볼 수 있다면,
지느러미로 물살을 가를 수 있다면,
너무 좁아 호흡도 가빠진다.
도움이 필요한데,
도움 청할 힘이 없다.
그래서 더욱 절망한다.

고래가 조금만 힘을 내주기를 희망한다.

비좁고 어렵겠지만, 절망으로 포기하지 말았으면 좋겠다.

마치 수많은 문제에 시달려 옴짝달싹 못 하는 누군가를 연상시킨다.

자식의 못난 죽음

또 다른 자식의 마음의 병,

아버지로서의 감내해야 할 경제적 무게감,

아내의 우울과 거부,

자신의 질병과 스트레스 그리고 함입,

개인의 충동을 제어하지 못하고 벌어지는 법률적인 문제,

벌어진 일들을 스스로 해결할 수 없음에 대한 절망감,

당연한 가장으로서의 책임,

그러고 보니 고래가 자신인 모양이라고 조심스레 통찰한 내용을 읊조린다.

하지만,

좁은 공간에서라도 온전히 혼자인 것만은 다행스럽다.

고래에게는 생활의 변화가 필요하다.

그래야 미미하지만 다잡을 수 있는 의지가 생길 것 같다.

고래에게 없을 의지를 지피는 것은 어려울 수 있다.

대신 환경을 바꾸면 없던 의지가 싹트기도 한다.

작은 양동이에서 벗어나 보기로 한다.

고래가 고개를 들고

허리를 펴고

당당하게 현재에서 벗어나고자 하는 의지를 드러낼 때

생활의 변화가 가능할 수 있다는 속삭임.

이제는 고래가 저 좁은 곳에서 나왔으면 좋겠다는 희망을 실현하기 위해 넓은 공간을 확보하려는 노력이 기울여진다.

나의 집

환경이 바뀌니 고래의 신수가 훤하다.

편안하고 만족스러운 공간

고래는 지느러미를 이용하여 조금씩 움직여 본다.

혼자만이 향유하고 싶은 공간

다른 물고기는 필요 없다.

홀로 맘껏 편안하고 싶다.

누구의 눈치도 볼 필요 없이,

누군가의 잔소리도 들리지 않게,

내 공간을 스스로 지키며

고래의 주변을 포위하고 있는 수초와 바위들
고래를 보호하기 위한 틀일 수도 있지만,
고래를 옭조이며 통제하는 포위망일 수도 있다.
어쩌면 스스로가 고립시키고 있는 환경일 수도 있지 않을까?
중요한 것은 처음보다는 움직일 수 있는 여유 공간을 확보했다는 것이다.
그래서 숨도 쉬어지고,
지느러미도 기지개 켜듯 힘껏 펼칠 수 있다.
창작자는 아무도 들이고 싶지 않은 자신의 욕망을 드러낸다.
다른 물고기들이 생기지 않길 희망하며,
나 홀로 편안한 안식을 꿈꾼다.
이로인해 창작자가 경험했을 책임감과 부채감,
가족이지만 심리적으로 위로받지 못하는 자신과
스스로도 포기하고 당위성으로 몰아세웠던 순간들,
그 사이의 해결되지 못하고 점점 커지는 문제들로 극심했던 스트레스를 가늠해 본다.

남편이라서 아버지라서 억울할 때도 있다.

자녀의 행복을 원할 뿐,

어떻게 응원하고 어떻게 지지하는지 배우지 못했을 뿐,
부모만큼 안정적이고 보장된 삶이 내 자식의 것이길 바랬을 뿐,
내가 갖지 못한 화려한 레드카펫까지도 내 자식의 몫이길 은근히 원했을 뿐,
실수를 줄여 시간을 아끼고자 하는 마음을 드러냈을 뿐,
그런 소망을 동력 삼아 조언하고, 유대를 쌓았을 뿐인 것을
돌아오는 것은 자식의 반항과 비난.
소리 없는 반항이라고 뵈지 않는 것도 아니고,
볼멘소리로 시간을 가르며 내뱉는 비난의 소리가
낭창한 노랫소리로 들릴 일도 아니라서,
그래서 아버지도 힘에 겹다.

우울을 방패 삼아 가시 돋친 모진 말로 도망가는 아내에게
그래도 든든한 남편이고 싶었다.
그녀를 비난하며 자식들의 편에 서서 중심을 잃고 싶지 않았다.

오랜 시간 기다려 준 그녀에게 묵묵히 의리를 지키고 싶었다.
그게 고작 고래가 할 수 있는 일 전부였으니까.
자신의 눈물을 삼키며 아내의 눈물을 위로하고,
아내의 우울마저 자기 탓인 듯 묵직했다.

이제는 늙고 힘없는 가장이라서 할 수 있는 게 없다.

그래도 아내가 지치지 않도록

저 밑바닥 유년의 행복까지 끌어다 미소로 띄워본다.

☆☆☆

14살 때 내 알량한 생각으로는 아버지가 너무 무식했다. 내 옆에만 와도 참을 수 없이 괴로웠다. 그러나 22살이 되었을 무렵 불과 7년 사이에 아버지가 엄청 유식해졌다는 것을 깨닫고 놀라지 않을 수 없었다.

- 마크 트웨인(1885)

(그레이와 앤더슨은 이 글을

『아버지의 탄생』 서문에서 인용하고 있다)

그레이(Gray)와 앤더슨(Anderson)은 진화론적 관점으로 아버지의 존재에 대한 연구에서, 아버지가 되기 전에는 몰랐던 아버지에 대한 깊은 통찰을 다루고 있다.

남성은 아버지가 됨에 따라 심리적, 행동적 변화는 물론 감정과 삶의 질에 무수한 변화를 경험하다(Gray & Anderson,

2010/2011). 아버지의 존재로서 갖게 되는 생각은 자식을 만나면서 초기화되거나 새롭게 조절되어 눈으로 담는 견해와 머릿속 사고를 새롭게 한다. 즉, 남성으로서 경험했던 삶이 자식이라는 새로운 국면을 맞으면서 180도 변화하는 것이다. 한때 놀 만큼 놀며 잘나가던 어린 삶이 아버지의 이름을 달게 된 순간부터 걱정과 근심, 행복과 희망의 양가적인 감정의 시소게임에 질려버린 '슬픔고래'의 창작자처럼.

남성은 아버지로서 자기희생을 치러서라도 자기의 유전자를 다음 세대에 물려주려는 '번식성공'을 기원한다(Gray & Anderson, 2010/2011). 이를 통해 아버지가 갖는 막중한 책임감과 그에 따른 당위성은 '아버지 됨'을 위한 채찍이 된다. '슬픈 고래'의 창작자 또한 크게 다르지 않았다. 자기가 밟아보지 못한 레드카펫을 자식에게서 꿈꾸며 번식성공을 바랬으나, 무참하게 무너지는 자식(자기 기대)을 보며 지금껏 자신의 삶까지 허망해지는 경험을 하게 된다. 여전히 '아버지는 어때야 한다'는 당위성이 몸에 맞지 않아 고통으로 비명을 자아내도 버리지 못하는 미련한 사고와 견해에는 변화가 없다.

2024.12.31

꿈

인기 많아 사람이 늘 끊이지 않았다.

그 덕에 아버지는 늘 부재했다.

그런 아버지만을 바라보며 제 자리 못 찾고 헤매는 어머니

이제 겨우

아버지가 늙고 병드니 어머니 차지다.

어머니와 아버지는 서로에게 의지하며 지난 시간을 달래고 있다.

아버지와 어머니는 주말부부였고, 늘 먼 사이였다.
아버지는 출장이 잦았고, 혼자 즐기는 삶을 누렸다.
늘 여성들에게 인기가 많아 여성들이 탐내던 아버지,
그런 아버지를 어릴 적부터 보아왔다.
그 덕에 창작자에게 남자란 경쟁 대상이며,
부리기 위한 존재였다.
몇 살 연상이든 상관없다.
높은 콧대와 자존심으로 날을 세우며 경쟁을 일삼는다.
단 한 번도 그들을 인정할 수 없었고,
그 이면에 비친 아버지를 밟아주고 싶은 욕망이 으르렁댄다.
창작자의 생에 남자는 허락될 수 없는 존재가 되어버렸다.

어머니는 그런 아버지를 차지하지도 못하고,
외로운 날들을 꾸역꾸역 채워왔다.
종손 집안
달마다 채워진 제사며, 집안 사람 수만큼 생기는 시름들
궂은일 묵묵히 해치우며, 어머니도 아내도 아닌 종부의 삶.
문득 곁이 허전할 때 남편의 자리는 비어있었다.

그 시간을 홀로 훔쳤을 서글픔,

몸은 늙고, 마음이 지친 이제야 웃을 수 있다.

지금의 아버지는 갈 곳 없이 어머니 옆에서만 온전하다.

엉망진창인 아버지를 어머니는 살갑게 보듬는다.

지금은 오로지 어머니만을 의지할 수밖에 없는 아버지,

어머니의 생에서 가장 행복한 시절인 듯하다.

어머니 곁에 힘 빠진 껍데기지만,

온전하지 않을 때 비로소 어머니가 아버지를 독차지하게 된다.

서로가 마주 닿은 중심에 감도는 빨간 에너지가 돋보인다.

초기 윤곽선으로 찾은 이미지에서는 뒤의 초록이 어머니였다. 어머니가 아버지를 돌보고 있다는 견해였지만,
채색하는 순간 초록은 아버지로, 분홍이 어머니로 바뀌었다.

> 치매를 앓고 있는 아버지는 불현듯 거실서 잠든 아내 걱정이 되었나 보다. 어머니에게 다가가 억지로 안방으로 끌어들이던 과정에서 어머니는 머리를 크게 다쳐 입원하게 되었다.

그런 일에 속이 무척이나 시끄러웠다.
그러나 작업을 마치며 알게 되었다.
그 또한 아버지가 어머니를 위하는 방식이었다는 것을.
정작 어머니를 돌보던 게 아버지였나는 것을 알게 되었다.
새를 닮은 부모를 구름 위에 안착시킴으로써
부모의 죽음을 준비 중인 마음을 공식적으로 드러낸다.

> 저는 부모를 잘 보내기 위한 여정 중에 있어요.
> 일장춘몽처럼 삶 또한 한 낮 꿈에 불과하죠.
> 제 작품을 통해 그것들을 새삼 일깨우게 되었어요.

초자아는 자아에 대한 검열이나 판단의 역할자로서 부모의 성격을 띤다. 프로이트(1923/2011)는 양심, 자기관찰, 이상의 형성을

초자아의 기능으로 보고, 부모의 요구와 금지의 내면화를 통해 구성된다고 하였다.

> 초자아의 확립은 부모 심역(心域)과의 동일시가 성공적인 경우로 생각할 수 있다. 즉, 초자아는 부모의 동일시로 바꾸면서 금지를 내면화시키고, 사회 문화적인 요구에 의해 풍부해진다. 따라서 어린아이의 초자아는 부모의 초자아의 형상에 따라 형성되는 것이다. 그것은 부모의 초자아와 같은 내용으로 채워진다(Freud, 1933/2011).

본능(무의식계)을 제어하는 방식으로 초자아(의식계) 발달에 도움을 주는 방어기제 중 하나가 동일시이다. 동일시는 부모를 통해 위계에 따라 모방하여 학습되는 경향이 있다.

> 아이들은 놀이 속에서도 주체가 무시무시한 대상으로 변신함으로써 불안이 안전한 쾌락으로 바뀐다. 또한, 아버지의 속성을 통해서 어른의 남성성과 동일시하면서 자기애적 굴욕이나 실제 사고로부터 자신을 방어하듯 한다(Freud, 1993/2024).

안나 프로이트(Freud, 1993/2024)에 의하면 특히 어린 시기에 부모를 비롯한 의미 있는 권위자로부터 모방하여 취하게 되는 초사아가 자아와 적대적이거나 대립하고 있을 때 비로소 초자아의 윤곽(안개에 덮인 듯 두루뭉술하게 가지고 있던 제 실체)이 분명해진다고 했다. 초자아의 윤곽을 파악하는 것은 개인의 상태에 대한 지각을 가능하게 한다. 초자아의 세 가지 근원은 강요된 신체적 행동, 동일시에 의한 동작의 숙달 시도, 공격자와의 동일시가 있으며, 그중 공격자와의 동일시 기제가 가장 중요한 역할을 한다(Spitz, 1958). 공격자와의 동일시는 안나 프로이트에 의해 기술된 방어기제이다.

> 외부 위험(예 권위적인 비난)에 직면한 주체는 공격자와 동일시한다. 이때 주체자는 공격을 있는 그대로 받아들이거나, 공격자를 육체나 정신적으로 모방하거나, 공격자와 같은 힘의 어떤 상징을 차용한다(Freud, 1993/2024).

안나 프로이트의 공격자와의 동일시와 같은 맥락에서 투사적 동일시가 멜라니 클라인(Klein, 1933)에 의해 언급되었다. 초자아는 좋은 대상과 나쁜 대상의 내입을 통해 형성되기 때문에 투사적 동일시라고 불렀다.

따라서 '꿈'의 창작자는 공격자인 아버지를 모방함으로써 불안을 통제하려는 시도를 통해 새로운 공격자로서 스스로를 변형시킨다. 안나 프로이트(Freud, 1993/2024)에 의하면, 이러한 변형 과정은 그 불안이 과거 사건이 아니라 미래에 일어날 것 같은 사건과 연관되어 있을 때도 나타난다고 하였다. 따라서 창작자의 남성에 대한 폄훼는 반복될 수 있는 남성의 공격으로부터 자신의 안전을 획득하기 위한 공격적인 행동으로 발현된 것이다. 즉, 공격하는 사람과 공격받는 사람의 역전이(Freud, 1993/2024)를 이뤄냄으로써 원하던 안전을 확보한 것이다.

고양이 소녀

처음부터 거절과 거부로 몸살을 앓았다.

어쩌면 내 것이 아닌 터였을지도 모르겠다.

모진 악다구니,

차디찬 음성,

버리려고 벌였던 잔혹한 행동들,

매몰찬 존재 거부,

그 씁쓸하고 매섭던 쌀쌀맞은 모체가

2년 후 보배를 만났다고

별말 아닌 그 말도 아프다.

엄마와 동생의 연합으로 고립되고 억울한 심경에 갇힌다.
누군가는 탓하고 원망하며, 다른 누군가는 거부한다.
과거에도 둘의 연합은 적잖은 고통의 산실이었다.
부당한 권위는 닮았다는 이유로 편애를 반복했고, 쏠리지 않는 시선을 잡아보려 할 수 있는 모든 방법을 동원하며 애를 썼다. 애를 쓰면 쓸수록 편애는 더 심하게 돌아왔고, 온 세상에서 고립된 듯 쓸쓸함을 습관처럼 붙이고 살았다.
한때 그 작은 몸속에 품어 온 세상이 되어주던 작은 공간이
"너를 가졌다는 사실이 거짓이길 바랬어."하고 말한다.
그렇게 뱃속에서부터 부정되던 작은 혹 덩어리,
세상은 소란하고, 하늘은 속절없이 청명해서 눈물이 솟는다.
거짓을 바랄 만큼 원하지 않던 아이, 그 존재를 몸속에 품고 무슨 생각을 할 수 있을까? 그 말속에서 존중이라고는 찾아보기 힘들 정도의 지옥이 우글거리기 시작한다.
"수치스러웠어. 사람들이 나를 뭐로 볼까? 모두가 수군거리는 것 같았어. 뱃속의 너 때문에..."
결혼 첫날 생긴 아기는 마치 남들의 입방아에 부정스레 오르내리는 소문거리처럼 조심스러웠겠지. 당시엔 사회적 시선들이 꽤나 조심스럽고 어려웠을 테니까.

그래. 자식이 수치스럽다는 것은 아니다.

자식을 너무 일찍 가져서 그런 자신의 행동이 수치스럽게 느껴진다는 얘기일 거다.

그렇게 배포 있게 이해한다 해도 속은 뭉그러진다.

어릴 때부터 그녀의 시선 한 번 잡아보려고 무진 애를 쓰던 그 아이,

마음 곳간은 처음부터 비어있었다.

어느 한순간의 '아차~' 하는 실수로 고갈된 것이 아니다.

애초부터 주어지지 않은 애정을 구걸하며

그녀가 한 번이라도 보아주길 바라지만 속절없는 짓

마음의 구멍을 가리기에는 손이 너무 작다.

구멍 사이로 휑휑 들고 나는 바람을 피할 수가 없다.

아는 한 처음부터 뚫려져 있었건만, 왜 요즘 더 시린건지.

돌이켜보니 먼 과거부터 그랬다.

사람들이 좋았고, 부담스러우며 싫었다.

만나면 헤어지기 직전의 그 싸늘한 눈빛이 마음속 그녀를 후벼파서 아팠다.

그래서 늘 피하고 도망가는 사람이 되어버렸다.

혼자만의 공간을 선호했고, 사람 많은 곳을 멀리했다.
혹여나 사적인 공간에 인기척이 들어서면, 움짝달싹 못하며 예민해졌다.
못 본 척 다른 곳으로 시선을 돌리면서도 귀를 활짝 열고 기울인다. 두 입은 꾹 다문 채, 몸은 웅크리고 크기를 최소화했다. 그러면 혹시 못 볼 수도 있지 않을까 하는 어리석은 기대로.
들키면 어색한 미소를 지으며 머물던 공간을 내주고, 다른 공간을 찾아다녔다.
나에게만 딱 맞을 그런 공간을~

내 편이 필요했다.
얼굴만 봐도 우쭈쭈 달래며 반겨줄 환한 미소
실수의 크기를 떠나, 어깨를 내어주며 토닥여 줄 따뜻한 손길
투박하고 퉁명스러운 말투에도 위로가 되어줄 아량 있는 음성
찬바람이 스산하고 적적할 때, 조용하고 따뜻한 눈빛
지쳐서 곤두박질치면, 조용히 일으켜 제 자리를 찾아주고,
티격태격하다가도 손가락질 당하면, 막아주는
듬직한 등짝이 갖고 싶었다.

나는 이 모두를 원하고 소망한다.

지을 수 없는 큰 죄를 지어 천상에서 쫓겨난 죄인이라 빼앗긴 것일지라도,
영영 바랄 수 없는 해와 달 같은 이면일지라도,
오늘도 어제처럼 바라며 종종거린다.
그것이 나의 처음 모체이면 더 바랄 것이 없다고
그렇게 세수하다 말고 물속에 써 본다.

들어본 적 없는 따뜻한 음성,
가져본 적 없는 그 환한 미소,
엄마라는 그리움이다.
처음부터 없었던 것을 그래도 그리움이라고 속여본다.
동생을 향해 저절로 얼굴에 그리던 그 눈빛이 나도 갖고 싶다.
그 눈빛에 빠져 나의 숨이 다할지라도 더 바랄게 없다.
단 한 번만이라도 가져보고 싶다는 열망을 허공에 새겨본다.
'촉촉한 물기를 머금은 애정 듬뿍한 그 시선을 제게도 주소서.'

버림받은 아이가 갑자기 깨어난다.
주위에 떠도는 모든 것을 겁먹은 눈으로 응시하며,
그리고 볼 수 없는 것만을 본다
사랑을 담아 대답하는 시선을.

- 조지 엘리엇(1871)

(존 볼비는 이 시를 『애착(Attachment)』
2장에서 인용하고 있다)

메리 메인(Mary Main)은 에인즈워스(Ainsworth)의 불안 애착 중 세 번째 범주를 식별하였다. 돌봐주는 인물이 반복적으로 연출하는 무서운 상황에 노출되었거나 보살펴 주는 사람이 겁먹은 모습을 보였을 때, 어린아이는 해결 불가능한 딜레마에 직면하게 된다. 행동상으로는 해결될 수 없는 모순을 통해 애착을 형성하였기에 돌봐주는 인물에게 접근하면서도 도망가는 동시적인 경향을 경험하게 된다(Hrdy, 1999).

'고양이 소녀'의 창작자는 엄마와 동생의 연합을 불평하며, 자신을 향하지 않는 사랑을 담은 시선을 갈구한다. 그러나 어머니에게서 성취되지 않은 갈구는 자기 밖의 또 다른 인물에 대한 갈망으로 전개된다. 그저 소박한 소망이 자신에게 닿지 않는 것에 대한 호기심으로 내뱉는 기도일 거다.

절망과 좌절 사이

갈팡질팡 비탈길을 지나 절벽에 다다른 순간 '무엇을 바랬던가?'
몹시 당황하여 절망을 앓는다.
꼼꼼히 짜여진 절망 틈으로 무엇을 꿈꿔야 할까?
누구는 바닥까지 찍으라며 위로 삼은 욕을 정성껏 하더라.
듬성듬성 여지를 둔 선들은 잔인한 장비처럼 희망 고문을 한다.
마치 어지러운 내장이 밖으로 삐집고 나와 실이 된 듯
속살에서 밖으로 통증이 전달된다.
지칠 줄 모르는 이놈의 시간들
그 시간의 포승줄에 얽혀 꼼짝도 못하는 신세

삶이 어디서 오는 걸까?

저 포승줄의 끝을 찾을 수는 있을까?

어제의 절망과 오늘의 좌절이 결탁한다.

사람이 죄다.

절망과 좌절의 결탁에 맥없이 감아버린 눈

그건 무능력하게 허물어지며 하는 허락같은 것.

사람에겐 시간이 없고,

시간에겐 사람이 많다.

스스로 잊어야 잊히지 않을텐데

조바심에 내지른 섣부른 선택에 발목이 잡혔다.

방으로 해가 비처럼 쏟아진다.

눈부신 날에는 눈이 더 시리던데....

습관처럼 절망에 몸을 내어준다.

이제부터 그는 절망의 노예다.

어째 볼 수 없는 절망을 핑계 삼아 좌절을 내어준 시간들도 있다.

누구도 탓해볼 수 없는 어둡고 쓸쓸한 침잠이 필요한 순간이다.

스피노자(Spinoza, 1677)에 의하면, 절망이란 의심의 원인이 제거된 미래나 과거의 존재물에 대한 관념에서 생겨나는 슬픔이며, 공포에서 생긴다고 했다. 무시무시한 결과에 대한 예측이 직면 될 때, 절망은 조용하고 완강하게 우리의 목을 조인다(강신주, 2015). 즉, '설마 그러겠어'라는 최선의 예측이 빗나가면 과거에 품었던 희망이 서러워 슬픔이 된다. 우리가 설마를 말할 때, 양심은 가시에 찔린 듯 따끔거린다. 근거 있는 공포에서 피어나 '설마' 속에 숨겨진 '아마'가 들통날 때쯤 미처 알아채지도 못할 정도로 조용히 그러나 물러설 뜻이 없는 것처럼 물들이는 절망이 있다. 이런 절망 뒤에 좌절이 깃든다.

희망에 대한 의심과 두려움이 사라진 뒤, 누구에게도 끝까지 내보이고 싶지 않은 개인적인 치부가 공개될 때 절망은 더욱 힘을 발한다. 하얗게 피어난 희망이 인색하고 누런 의심에 그슬려 검게 물들 때쯤, 절망으로 꺾인 마음은 새파랗게 질려 좌절의 불빛에 시든다.

아주 작은 위로

배속에서부터 방임하고 유기를 꿈꾸던 나의 모체
나의 모질고 험악한 원망을 외면하며,
자신만을 위해 위로 삼아 살아낸 첫 번째 집
눈뜩 생각에 잠기다 빌견한 사실
비록 곡기를 끊어 유기를 꿈꿨으나,
그 실패로 나는 숨을 쉬었고
살가죽 사이사이 핏물이 고이고 뒤틀려 괴이했어도,
살이 아무니 별거 아니고
심지어 아토피도 아니라는 것
내장이 덜 자라 기형이 되었지만,
겉모습은 멀쩡한 사람의 형상
그녀가 내게 준 아주 작은 위로나.

나쁜 생각과 느낌은 늘 깊게 각인되어 미래가 된다.
창작자는 아직도 자신의 처음에 머물러 있다.
첫 시련 그것은 모체였고,
첫 위기 그것도 그녀였다.
처음의 시름도, 아픔도, 절망도, 기다림도
모두 엄마라는 이름의 한 여인이었다.
핏덩이보다 자신이 더 컸던 여인
낮게 헐떡이며 죽음에 가까워진 숨결보다
자신이 더 안쓰러웠던 엄마라는 이름
시름시름 앓으며 잦아드는 호흡을 뒤로 하고,
자신의 영적 위로를 찾던 이기주의

골똘히 그리던 어제의 이야기 하나.
동장군 서슬퍼런 날도 아니었고,
몇 분 만에 구더기 우글대는 습하고 찌는 날도 아니었다.
바람이 적당히 살랑거리고, 산천이 알록달록 화려해지던 날,
기어이 바깥세상 탐해서 어미의 몸 밖으로 고개를 내밀던 날,
낯선 공기와 냄새를 뒤로하고
살고자 세차게 울어재꼈다.
손가락과 발가락이 몇 개인지 살펴보는 이는 아무도 없더라.

그것이 넘치거나 모자라는 것은 온전히 자식 몫인 게다.
바람을 막아줄 껍데기조차 잃은 신세
그래도 누구의 아기로 불린다.
고개를 들어 고통스레 바라보는 이는 어미다.
젖줄 생각 없는 어미를 향해 더 세차게 울어보지만,
돌아오는 것은 낯선 여인의 손가락
있는 힘껏 빨아 보지만 목구멍으로 넘어가는 것은 아기의 허기뿐.
눈앞에 두고 독하게 버리는 모정도 있다.

보여주고 싶었다.
쉴 새 없이 조잘거려도 보고,
노동 삼아 공부도 해 보았다.
서고에 빼곡한 책들도 눈으로 삼키며
보아달라고 말없이 보채도 보았지만,
돌아오는 것은 핀잔 한 움큼뿐.
시끄러우니 입 좀 다물라고,
전기세 아까우니 일찍 자라고,
건방지게 서고에 손대지 말라고,
그녀는 그렇게 나를 보아주었다.
그때부터 그녀가 삼가라는 짓만 골라서 했다.

그 찰라에는 그녀의 눈이 내게 향했다.

그런 우여곡절 끝에 낙관쟁이 흉내를 내어 본다.

✯✯✯

모성 호르몬으로는 에스트로겐, 프로게스테론, 프로락틴, 옥시토신 등이 있다. 모체는 임신과 더불어 임신을 지속시키기 위해 에스트로겐과 프로게스테론을 생산한다. 이 두 호르몬은 새끼의 성향을 좌우하며, 마법처럼 아기에게 빠지는 분위기를 유도한다. 프로락틴과 옥시토신은 어미가 새끼를 품을 수 있도록 온화한 분위기를 준다. 프로락틴은 젖을 만들고, 옥시토신은 젖의 분비를 촉진하며 친밀한 느낌을 촉진한다. 그러나 '아주 작은 위로'의 창작자 어머니는 이러한 호르몬의 분비에 저항했다. 세상의 평가를 두려워하여 자기 안에서 분비되는 모성 호르몬을 무시하고, 곡기를 끊으며 몸속의 새끼를 앞세워 현생이 아닌 곳으로 보내려 했다. 이러한 현상을 허디(Hrdy)의 말을 통해 이해하려는 저자의 심중이 오해받지 않기를 바란다.

> "어미들 사이에서는 때로 새끼를 전혀 돌보지 않을 만큼 큰 변이가 충분히 존재한다(Hrdy, 1999)."

실제 삶에서 어미가 새끼를 무시하고 돌보지 않게 되는 순간 새끼의 생존에 치명적인 문제가 발생할 수 있다. 그러면, 생의 끈을 더욱 굳세게 잡으려는 본능적인 행동들이 새끼에게서 발현된다.

그렇게 발생한 불신은 생후에 더욱 확고히 굳혀지는 경향이 있으며, 메리 메인(Mary Main)이 발견한 불안정 애착의 세 번째 범주로 접어들게 된다. 그러면 어린 마음에 원하면서 밀어내고, 바라면서 거부하게 되는 거칠고 험란한 양가에 시달리게 된다.

따라서 어미의 '모성 본능'은 양육과 완전히 분리될 수 없으며(Hrdy, 1999), 양육의 기본 전제는 피양육자의 마음을 헤아리는 것이다. 과거부터 이어온 자신의 욕구를 뒤로하고, 피양육자에게 눈과 귀를 모아 살피고 돌보는 애틋함이 양육이다.

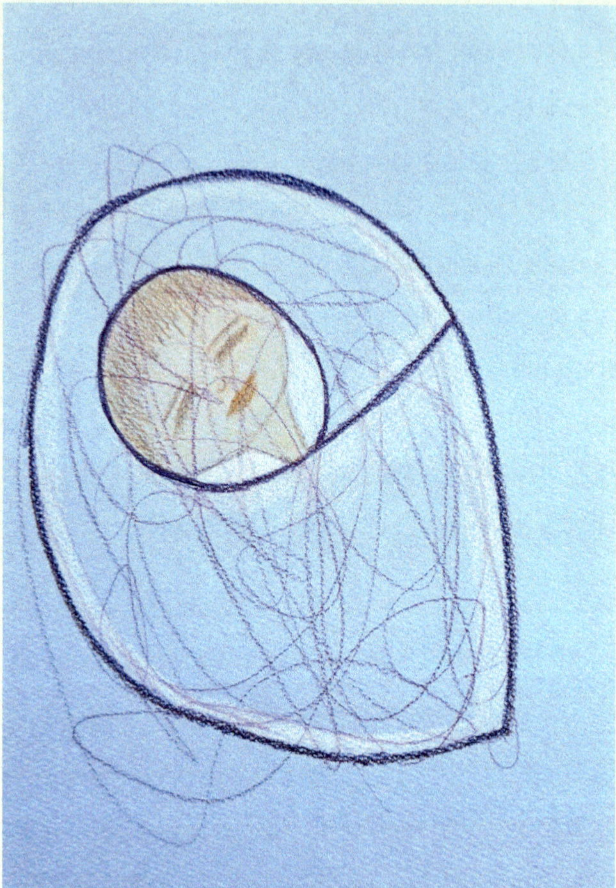

그 아기

고개를 내밀며 자신의 존재를 드러내는 속내는
고요하지도, 평온하지도 못했다.
한낮 제 중심의 기세를 자랑할 때도
조금의 안정감을 느껴보지 못했다.
고요한 듯 두 눈 감고 있으나 속이 볶인다.
평온한 듯 두 입술 닫고 있으나 시끄럽다.
둥글고 또렷한 이목구비는 차디차게 얼어있다.
이리로도 저리로도 감기지 못한 실타래는
얼키설키 얼어버린 아기의 속마음
차라리 이내로 화식이 되리라.
화석처럼 굳건히 닫으리라
한 줌도 내어주지 않으련나
모든 부패함이 거름이 될 때까지
늙은 맘으로 버티다.

찬바람 들일세라 꼬옥 감싼 속싸개
괜스레 야속하다.

가난하고 찬 손일지라도 괜찮다.
구린내로 속이 볶일지라도 괜찮다.
거칠고 퍽퍽한 품일지라도 괜찮다.
늙고 남루하다 해도 곁에만 있다면 든든하지 않을까?
내 곁에 또 다른 내가 보이지 않는다.
작게 묻히던 음성
뭔지 모르게 전달되던 불안
어디로 간 걸까?

한강이 읊조리던 달떡을 닮은 아기.
그 아기의 어미는 간절한 마음을 토해내듯 말했다.
"죽지 마라, 제발 죽지 마라"
그러나 그러지 못하는 어미도 있다.
지우고 싶었으나 굳이 굳이 지워지지 않은
생긴 김에 살아보겠다며, 모체의 의중을 거스른 아기
모체가 경험하던 참담함이 대물림되는 순간이다.

어미에게 버려진 아기는 온 세상에 대한 원망으로 불신과 저항의 싹을 틔웠다. 그렇게 그 아기의 삶은 고행이 되어 버린다.

심리학적 의미로 공생(symbiosis)은 자기가 대상과 분리할 수 없게 엉겨 있음을 경험하는 상태를 의미한다. (중략) 모든 정신생활은 공생에서 비롯되며, 공생은 바로 우리의 자기가 그로부터 출현하는 모체라고 할 수 있다(Hamilton, 1988/2011).

“모체는 신생아의 환경 전체와 신생아의 경험 세계 전체”를 이룬다(Fairbairn, 1943).

공생단계 초기에는 “필요를 충족시켜 주는 대상에 대한 희미한 인식”을 발전시킨다(Mahler et al., 1975).

대상관계에서는 인간의 아기에게 필요한 모체와의 공생에 대해서 이야기하고 있다. 첫 번째 관계는 자기와 대상이며, 대상은 아기 세상의 전부이기에, 대상 없이는 온전한 생존을 어렵게 한다는 것이다. 더구나 많은 순간 오래도록 보살핌이 필요한 인간의 아기에게는 전적으로 의지하고 버텨줄 대상이 전부일 수 있겠다.

그런데, 그 대상을 시야에서 감각에서 잃었다는 것은 그리 차분하게 두리번거릴 수 있는 고만한 일은 아닐거다. 그러나 참담함이 지나치면 우리는 차갑게 식어버리기도 한다.

분리될 수 없는 대상을 찾는 창작자의 아우성,

존재했지만 더는 보이지 않는 사무침,

버려진 순간에도 존재했던 목소리와 정서,

무너진 신념과 가치,

그 많은 것들이 잃어지는 순간이었을 거다.

생애 초, 누군가에게는 모체와의 완전한 융합상태가 꿈도 꿀 수 없는 사치일지도 모르겠다.

> 이후 단계는 이전 단계의 흔적을 담고 있다, 이전 단계는 이후 단계의 발아를 포함하고 있다(Mahler et al., 1975).

어린 핏덩이도 이를 예감했을까?

그렇게 그녀의 삶에 흔적이 새겨졌다.

본능대로 회귀하다

보이는 것이 전부일 리 없어
들리는 것이 전부는 아닐거야
자칫 현혹되어 그 안에 갇히기 쉽다.
더러는 무딘 날을 티 내지 말고,
가끔은 예리하게 날을 세워 볼 것

경계는 최소한을 지키기 위한 방어가 되고,
세계와의 최전방 요새가 된다.

불안에 곤두선 눈썹과
무너지고 있는 눈 밑 검은 그림자
혼란스런 눈동자는 초점을 잃고,
안을 단도리하며 밖의 자극에 촉각을 세우다.

입안에 너무 많은 말이 있다면 잠시 뵈지 않게 감춰보자.
잠시 멈춰보면 실수를 참을 수 있어.
결국 실수란 녀석은 경거망동에서 비롯되는 것 같기에.

이제 다시금 과거로 회귀하자.
조잘대는 오늘을 입안에 가두고
좀 더 신중하기 위한 어제를 불러내자.

가장 조숙하고 어질었던 어제
어느 때보다 살얼음의 야트막한 속내를 꿰뚫던
몸과 마음이 차분하게 가라앉아 지내던 그때
새벽바람도 예의를 갖춰 지나치던 날들
깊숙이 자리한 품 안의 신성을 알던 그때
그때 투명하게 빛나던 침묵
앳되게 수줍던 눈빛
붉게 다문 무심함의 추억들

되돌아갈 길을 찾아보자.
촛불에 비친 추억의 그림자를 따라서 사뿐히 움직여 보자.

말에는 삶 전체를 통 틀 수 있는 가치가 있다. 때로는 미처 꺼내지 못한 말이 마음속 품위를 살리고, 가치를 높일 때도 있다. 더러는 삶에 지쳐 못난 말들이 세상에 비집고 나와 살 속 가시처럼 박힌다. 말이란 그런 것 같다.

> <도덕경>에 '지자불언 언자부지 知者不言 言者不知'라는 구절이 있다. '아는 사람은 말하지 않고 말하는 사람은 알지 못한다'라는 뜻이다. 지혜롭고 지식이 많은 사람은 오히려 말이 없고, 어리석은 사람은 자신을 과시하고 싶은 마음에 하루 종일 떠들고 다닌다. 즉, 인격적으로 완성된 사람은 자신을 과시하지 않아도 그 인격이 저절로 언행에서 풍겨 나온다(조윤제, 2014).

'아는 만큼 다물어야 한다', '입바른 소리' 등의 말을 비롯하여 '언행'에 대한 조언은 양육자에게서부터 시작되며 사회 전반에서 조력자들에게 듣는 말이다. 그만큼 말의 무게에 대한 체감은 상황과 사람마다 다를 수 있다. 창작자는 사회와 상황에 대한 불신으로 자신의 입을 닫고자 마스크를 착용하였다. 입을 가리는 장치 없이 홀로 노력하여도 억울함은 표정으로 여실히 드러난다.

> 아무 말 하지 않고 있어도 얼굴에서 느껴지는 기운을 통해 말에 의존하지 않고도 어떤 감정 상태에 있는지가 자연스럽게 드러나는 것을 감각적인 침묵이라고 한다. 감각적인 침묵은 감정을 생생하게 잘 드러내 준다(Dinouart, 1771).

창작자의 이미지에는 마스크로 대부분의 표정이 가려졌지만, 눈의 표정을 통해 그가 감각적인 침묵을 사용하고 있음을 알 수 있다. 그의 감각적인 침묵 속에는 불신과 불안, 절망하지 않으려는 강박 등의 감정이 생생하게 드러나고 있다.

빗나간 욕망

물을 벗어났다.

존재는 높고 공허한 곳, 그곳에 있었다.

깊게 스민 눈그늘,

피로로 새겨진 몽롱함,

그 위로 허공을 열망하는 눈빛과 꺾인(접힌) 날개

지금을 외면하며 애써 고상해진 시간

허우적대는 진실들

존재는 그곳에 있었다.

눈, 입, 몸, 모든 게 제각각 다른 소리로 시끄럽다.

또 시간이 그렇게 흐른다.

남편과의 불화를 생각하며,

"당신이 나의 처음이야. 처음은 언제나 옳지"라며 달콤한 말들을
내뱉던 그
이젠 말이 안 통한다며, 입을 다물어 버렸다.
더는 애교도 회유도, 호소도, 진심도 교류되지 못한다.
매일 얼굴을 맞대며 그렇게 단절되었다.
침묵, 그것은 치열한 폭격이다.
참고 견디던 날들의 항거와 열정적이던 시작을 뒤로하고
지금 서 있는 곳은 습하고 어둡고 처절하다.
너무 써서 끝으로 단맛이 진동을 한다.
이 삶의 순간을 어떻게 매듭져야 할까?
분명 우리에게도 서로가 전부이던 시간이 있었는데
그 감사함은 원망으로 채워졌다.
냉냉한 침묵의 순간들….
뭐가 문제인지도 모르게 죽어가고 있다.
이런 시간을 익어가고 있다고 변명하기에는
어린 시절부터 배워온 양심이 뜨겁다.

☆☆☆

결혼 이전 부부는 각각 서로 다른 가정문화 속에서 양육된다. 물론 양육자의 가치나 교육에 대한 생각과 방식도 다를 수밖에 없다. 그렇게 길들여진 시간을 배우자에게 강요할 수 없음을 알기에 서로가 답답하다. 그러나 원가족에서 익힌 대처방법들은 무심결에 '툭' 하고 던져진다. 창작자의 배우자는 갈등상황에서 상대방을 낮추어 생각하며 무시하기 위한 침묵을 사용한다. 그것이 창작자에게는 갑갑하게 옥죄이는 철창살이 되어 마음의 문을 닫게 만든다. 과거 부모의 침묵이 주는 무시와 닮았기 때문이다. 그러나 시간이 지날수록 배우자의 방법을 익혀 그대로 되돌려 준다. 그렇게 부부간에 끝나지 않는 전쟁이 시작된다.

> 어떤 반응을 기대하는 사람을 상대로 아무 대응도 해주지 않고, 그저 차갑고 거만하게 바라보기만 하면서 입을 다무는 것을 무시의 침묵이라고 한다. 자존심과 오만함을 전제로, 상대를 무시하기에 가능한 침묵이다. 문제는 그가 침묵함으로써 무시하는 상대가 실은 중요한 사람일 수도 있다는 점이다(Dinouart, 1771).

> 정서적인 질병은 타인에 대한 감정에 장애가 발생하여 생기고, 유사한 장애를 지닌 사람들은 서로 비슷한 방식으로 표현하고 타인의 관심을 끈다(Saul, 1979/ 2007).

창작자 또한 배우자와 같은 방식으로 자신의 감정을 표현하게 되고, 배우자에 대한 감정 장애는 서서히 곪아 뭉그러진다. 그렇게 지쳐가는 삶에 대한 경고 메시지를 발견하고는 숨죽여 하염없이 울음을 터뜨린다. 20여 년 결혼 생활, 단 한 번도 눈물을 보이지 못했던 깡이 스르르 녹아내린다. 눈가에서 하염없이 떨어지는 눈물이 그녀의 마음 깊숙한 원망을 씻어주고 정화시켜 줄 수 있다.

사랑스럽 개

잔잔한 미소를 흘리고 있습니다.
그래야 사랑받을 수 있을 것 같아서…
나를 보아주세요.
예쁘다고 말해주세요.
볼수록 사랑스럽다고 당신 목소리로 들려주세요.
제 털이 보드라운 건 당신에게 인정받고 싶어서입니다.
저를 쓰다듬어 주세요. 머리도, 몸통도
쓰다듬다 부족해 보이면, 저를 꼬옥 안아주세요.
"너도 있었지, 내가 알고 있단다"
당신의 목소리를 듣고 싶습니다.
제겐 꼬리도 있어요.
그건 당신께 반가움을 알려주고 싶은 마음입니다.
꼬리가 살랑거리면 당신이 좀 더 보아줄까 하는 마음에
오늘도 당신의 눈길을 원하며, 쉼 없이 살랑여 봅니다.

저 여기에 있습니다.
제가 보이면 알아봐 주세요.
다정하고 사랑스럽게 보답하겠습니다.

늘 첫 번째 대상을 고파했다.

투명망토를 입은 듯

엄마의 눈 속엔 내가 없었다.

환하게 웃는 눈동자는 동생을 향했고,

배부른 듯 듬직한 눈동자는 언니의 것이었다.

애틋함마저 막내동생의 것.

가끔씩 원망의 눈초리가 내게 꽂힐 때

나는 그마저도 황송하더라.

그녀가 나를 보고 있으니까.

그런데, 그것마저 그녀에겐 아픔이었을까?

오늘따라 그녀의 원망하는 눈초리가 왠지 쓸쓸하고 공허해 보인다.

내가 바라던 건 아주 소소한 거였다.

그저 내 이름으로 불려지는 것,

그마저도 그녀는 과하다 생각했을지 모르겠다.

그녀의 몸짓이 나를 밀어낼 때도

그녀의 악다구니가 내 온몸에 가시로 박힐 때도

부동으로 살아낸 내 아련한 어제의 이야기다.

창작자는 부모의 방임과 유기로 지쳐버린 마음을 사랑스러운 행동으로 보상받으려 애쓰고 있다.

누군가는 '왜 그렇게 지난 시절에 집착해?'라고 할지 모르겠다. 그러나 다른 누군가에겐 그 지난날들이 지금의 순간이기도 하다. 과거의 허기로 오늘을 산다는 것은 지치고 고달픈 일상으로 경험된다. 눈앞에 도래한 허전함이 시리도록 공허하고 애달프다.

> 거의 모든 경우에 정서적인 질병은 초기 아동기 동안 학대당하거나 잘못 양육된 경험에 대한 반응 양식으로 형성되며(Saul, 1979/2007), 아이들은 불안정할수록 더욱 더 부모에게 매달리는 경향이 있다(Saul, 1979/2008).

사울(Saul)의 말처럼 과거 어린 시절의 결핍은 더 많은 집착으로 매달리며 채워지길 갈망하게 만든다.

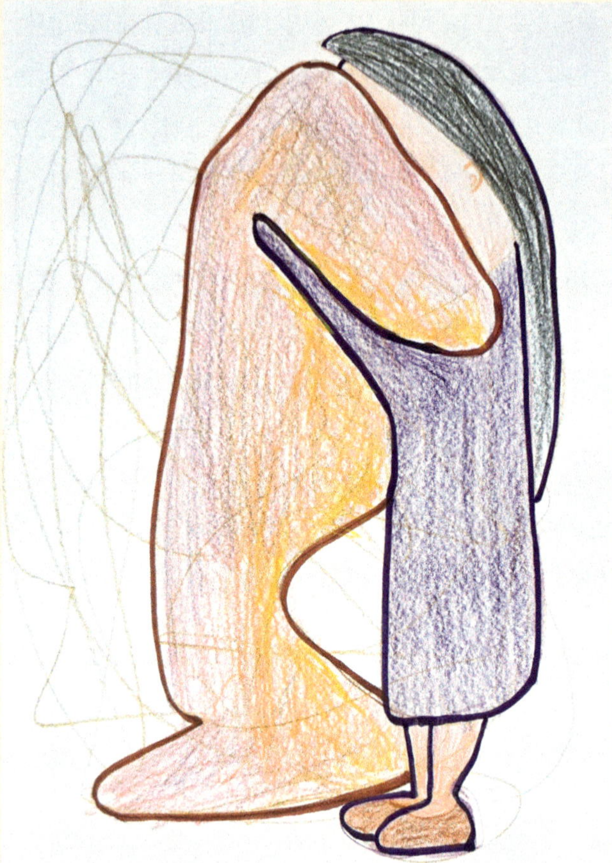

잠깐 만난 우연

처음엔 중앙의 '말'이 보이다가 그것을 덧그리던 중에 소녀가 얼굴을 묻고 있는 '애착 이불'이 되어 버렸다.
중간에 무릎 꿇은 과거의 인물이었으며,
현재의 나이기도 한 그 중앙의 것이 포근한 추억이 되었다.
어린아이가 이불을 끌어안고 냄새를 맡으며 얼굴을 묻고 있다.
자신보다 더 어린 과거와 화해하듯, 그 순간에 몰입하고 있다.
후회나 원망 없이 그저 순수한 연민으로~
이불은 내 부모이며, 어린 아픔이고, 수줍던 고민들이다.
밖으로부터 들어온 악담이며, 폭언이며, 각인된 타인들의 시선이다.
우리는 선택과 집중을 통해 화해하고 있다.

☆☆☆

창작자는 과거 애착 대상물을 만나 묵은 기억과 회포를 풀고 있다.

그 대상물은 한순간 양육자였다가, 다음 순간 과거의 여리고 여전히 어린 순간을 마주한 현재의 성숙한 자신이 된다.

창작품에서의 말(horse)은 어머니를 상징한다(Vries & Vries, 2009/2024). 그 어머니로부터 갈구 되던 애정은 애착 이불로 전환되었으며, 결국 현재의 성숙한 자신 안의 진정한 자기(self)가 과거 갈망하던 어머니의 양육을 승계받는다. 그리고 좀 더 자신에게 맞는 섬세한 돌봄으로서의 기능을 찾아간다.

과거의 양육에 대한 결핍에서 현재의 관계나 마음의 상태가 어려움을 호소하는 경우가 있다. 그런 과정들을 거쳐 어린 과거를 마주하고 이해와 공감을 통해 위로되고, 확장된 견해로서 지금의 시련과의 연관성을 찾기도 한다. 창작자는 자신의 과거와 현재의 시련을 마주하며 화해과 위로를 건넨다. 더는 상처가 덧나지 않도록 마주함으로서 자신을 단단히 세우기 위한 과정 중인 것이다.

우리가 경험하는 대부분의 문제는 관계에서 비롯된다. 특히나 의미 있는 대상과의 관계는 의도치 않게 상처가 되고, 개인적인 기억으로 자리잡는다. 그것이 밖으로 꺼내지는 순간, 좀 더 가볍고 사소해지기도 한다.

퍼플 스완

느리고 우아하게,
그러나 큰 몸통이 문득 걸리적거림을 느낀다.
누구의 접근도 허용하기 싫은 늦은 오후
내가 머무는 강가는 내 깅이다.
가만 물속을 들여다보니
내 세상에 머무는 작은 소용돌이,
자잘한 존재들의 소음,
한쪽 날개를 내어 품으려니, 이내 잊힌다.
덧없다던 시간의 쓸쓸함이 흘러 외로움을 움켜쥔다.
움켜쥔 틈으로 비집고 나오는 것은 기다림.
허황된 꿈 조각.
그것이 스멀스멀 내 세계로 침범하여 물들인다.

나만이 존재할 수 있는 세계, 그건 창작자의 판타지다. 그러나 때때로 우리가 품을 수 있는 작은 사치이기도 하다. 그런 판타지 속에 모순된 환상, 존재들의 소음을 품고자 하는 허황된 소망, 그로 인해 더욱 쓸쓸하고 공허하게 던져진 시간 속에서 다시 기다린다.
창작자의 기대는 삶의 모순과 닿아있다.
사람에 지쳐 홀로이고 싶으나, 또 다른 어느 순간 옆구리가 시리고 사람 냄새가 그리워지는 변덕스런 시간이 있다. 그것은 가벼움의 수치가 아니다. 삶이 지닌 모순 때문이다. 모든 걸 다 움켜쥘 수 없고, 모든 걸 다 내어줄 수 없는 어정쩡한 욕심 때문이다.

토리

토끼장을 떠나 숲으로 간다.
더듬더듬 어두운 길을 짚어가며,
조심해야 한다는 인적을 피해
쫑긋 귀 세우며 몸으로 부딪힌다.
다다를 곳이 어디인지 모른 채,
깊은 밤 정처없이 방랑한다.

뾰족이 세운 두 귀,
주변을 경계한다.
무언가를 외면하듯
또 무언가를 돌아보듯
뒤를 향한 모습,
여전히 경계한다.
그러나 막상 질끈 감은 눈
보고 싶지 않음인가?

감각의 한쪽이 닫히면,
다른 쪽이 배가 된다던가?
낯선 듯 익숙한 방황이다.

모난 소리를 들으면 응대하기보다는 침묵과 함묵을 오간다.
품고 있던 할 말을 다무는 것에 대한 억울감은
입인 듯 아닌 듯 보라색 흐린 동그라미로 표현된다.
그것을 감추려 색색 동그라미를 그렸는데, 또 다섯 색깔.
아이들과 남편, 그리고 창작자가 되었다.
여전히 과거에 목메어 연연하지만, 이미 그것은 어제와 함께 화석이 되어버렸다.
마치, 오늘의 삶에 집중해 보라는 충고 같은 다섯 색깔의 동그라미.
과거로부터 벗어나고자 한 발 빼는 주춤한 모습
추가하여 그려진 앞발 등은 좀 달라질 시간을 의미하는 걸까?
감겨진 눈은 무언가에 질려버린 듯 깊게 절망한다.

다윈(Darwin, 1872/2020)은 우리의 몸짓이나 버릇 중 유전된 것에 대해서 설명하면서 다음과 같이 덧붙인다.

> 외부 자극은 마음을 통해 신체에 전달된다. 일부 마음 상태가 촉발될 경우, 우리는 정반대의 특징을 갖는 동작을 강하고도 무의식적으로 수행하려는 경향이 있다. 그중 하나는 강하게 거절하거나, 무서운 광경을 떠올리거나, 차마 볼 수 없는 무언가를 마주할 때 눈을 굳게 감는다는 것이다.

우리는 강한 절망이나 무시무시한 두려움이 올라올 때, 마치 그것을 외면하려는 듯 눈을 질끈 감아버리는 경향이 있다. 이는 대상영속성이 발달하기 전 눈에 보여야만 존재한다는 믿음에서 비롯된다. 마치 이때의 믿음처럼, 그곳에 없는 듯 눈을 질끈 감아버리면 보지 못한 것이니 존재하지 않는 것이라고 주문을 외는 것과 같다.

대상영속성은 눈에 보이지 않아도 그 대상이 계속 존재한다는 사실을 지각하는 것이다. 보통 4~6개월이 되면 초보적인 대상영속성 기술을 갖게 되어 비로소 까꿍 놀이가 가능해진다.

정오의 푸념

나조차 버겁다며 눌러앉았다.

시야는 흐려지고, 할 말은 너무 많아 어중띠게 다물기를 선택한다.

혼탁한 공기,

막막한 여정,

막중한 책임,

압도되는 모든 것을 외면할 수는 없을 터

한 겹 얇은 천 조각이라도 무겁게 무너질 지경

무엇 때문에 경주마처럼 겅중거리며 지치도록 달려온 걸까?

남는 것은 피로와 고민.

번잡하게 머리를 어지럽히며 눈가를 맴맴 돈다.

이름을 남기려던 오만은 시간에 치여 나뒹굴고

온 곳을 헤집고 찾아다니던 지혜는 끝자락 하나 뵈지 않는다.

거세게 몰아치는 모래폭풍과 돌개바람

힘든 내색 한 번 못 하고, 이대로 무너지는가?

꼬리로 성질을 내지르며, 귀 쫑긋 반응을 살핀다.

때를 기다리는 하릴없는 시간은 나를 죽이는 시간들일 뿐
거기에는 내가 찾던 기회가 없었다.

내 몸을 압도하는 허황된 욕심들
내 맘에 무겁게 매달린 고대적 욕망들
겉으로 부풀리고 높게 세운 자존심.
흐릴 듯 짙게 베인 오만함.
안으로 삼킨 위선.
들키고 싶지 않은 요란함.
그 시끄러운 가운데서 멈춰버린 시간을 푸념으로 내쉰다.

청소부

검은 대머리 독수리가

벌어지는 상황을 예의주시하고 있다.

부리를 앙다물고

가지런히 덮여 있는 날개는 품위까지 있다.

그러나 실상 그는 이 구역 청소부

항상 집안의 궂은 일을 마다 않고 처리해 온 상황
또 무언가 궂은 일이 철퍼덕 저질러지면,
예외 없이 그것을 처리하느라 분주하다.
아무도 알아주지 않는 고된 일,
스스로를 갈아 내야 가능한 일,
내 생활을 담보하고 아이들의 시간을 빚져야 가능한 일,
형제들의 비난에도 내 노모의 흡족해하는 미소를 보며 오늘도 움직인다.

오늘도 경계를 서며 이른 시간이 시작된다.
무언가 비장해 보이는 표정으로 나태를 경계하고,
근엄할 정도의 압도감으로 시비를 주변으로 흩트린다.
멈춰있지만, 여전히 바쁘게 무언가를 하고 있는 순간들을
한 번도 보상을 바란 적은 없는데,
한순간도 다른 형제의 나태함을 비교한 적이 없는데,
늘 도마 위에 올려져 서슬퍼런 식칼로 다져지고 있는 존재가 되어버리다.

청이

난지도에서

청개구리 한 마리가

공허한 듯 허공을 응시하고 있다.

인생도, 사람도 다 무상하다.

심청이는 공양미 삼백 석에 제 명을 팔았고,
제 명으로 아비의 눈을 샀지만 배달 사고?
여전히 분간 못 하는 시야로 허둥지둥 더듬는다.
심청이 받은 보상을 바라는 걸까?
침울한 표정으로 간절한 손짓이 애처롭다.

어릴 때는 부모의 양육으로 자라고,
성인이 되어서는 제 삶을 채우느라 바쁘다.
그러나 중년이 되면, 받은 것들을 되갚듯
부모 봉양을 한다.
아래로 자녀를 양육하고 위로 부모를 봉양하면서
그렇게 구세대와 신세대 사이에 끼인 존재가 된다.
요즘은 새로운 방식의 고려장이 유행한다.
노인요양원이라는 제법 편리한 시설이다.
그러나 그것도 자금력이 필요하다.
이런 방식은 점점 복잡해지는 사회 탓이라고 변명해 본다.
궁핍하고 구질한 핑계 사이에 부추겨진 방황.

인생은 때때로 가진 자들의 잔치 같다는 변명과 함께
중년의 부족한 살림에 제기된 깊은 고민에 시달리고 있다.

한편으로는 그런 고민을 떠올리는 자신이 '몹쓸 것'처럼 여겨진다.

생의 계산기를 두드리며,
갈 길을 정하려는 속된 셈인 듯
자식과 노부모 사이에서 방황한다.
한정된 자본을 누구에게 투자할 것인지?
누군가에게 투자하려는 자신은 충분한가?
충분치 못한 결정이 타인에게는 어찌 보일까?
부모는 괜찮다며, 무기력한 눈빛으로 응대하고,
자식은 부모의 행동을 동해 훗날을 변명할 테고,
지인은 나의 평판을 만들 테니 눈치를 안 볼 수도 없다.
부모에게 죄스럽지 않고, 자식에게 당당할 수 있는,
타에 부럽지 않은 중년의 현명함이 필요하다.

젊은 여인과 노파

정지된 고요 속에 나의 몸은 둘로 나뉘어진다.
노파의 몸에서 젊음이 떠나는 것인지,
젊은 몸에서 노파가 드러나는 건지 모르게....
정체되었던 덩어리가 분화된다.

어제와 오늘이 다르듯, 유기체에도 변화가 도래한다.
시간에서 시작하여 시간으로 흘러가는
유동성을 차마 떨쳐내지 못하는 까닭이다.
쪼개어지는 소란 속에 지혜로운 호기심이 가득하다.

이제는 조금 적게 세상에 머물며,
품었던 물음표를 채워볼 시간
젊음과 눈치에서 벗어나
눈에 띄지 않는 삶이 시작된다.

존재하지만, 잉여처럼 보이는 쭈글한 주름들
그것이 곧 삶의 흔적이자 훈장이다.
뒤늦게 알게 된 모든 것에 대한 경외심으로,
생의 2막을 준비한다.

숙명처럼 찾아들었던 삶,
대쪽 같으면 시대를 잘못 탄 거고,
잘못 웃으면 흘리는 것이고,
논리를 찾으면 내세울 게 머리밖에 없는 것인
노예처럼 여겨지던 여인이란 틀에서
더 취약할지도 모르지만, 자유롭게 무너진 피부들
분간을 배우고 조심스러워진 말들
스스로를 낮출 줄 아는 겸손
들리는 소리에 좀 더 귀를 내어줄 줄 아는 여유
억울하게 묵히지 않고 반응할 줄 아는 스스로에 대한 배려
더는 곱지 못한 걸쭉하고 찢어진 목소리
곧지 못한 엉거주춤한 걸음들
그렇게 비움이 시작된다.

창작자는 이미지를 완성하고 두어 달 후 완경기를 맞았다.
즉, 인생 1막의 껍질을 벗고, 제 2막에 도래했다.
조심해야 하고, 이뻐야 하고, 애교 있어야 한다는 틀에서 벗어나
자기다움의 편안한 옷을 받아들이고 있다.
그녀에게 늙음은 자유롭게 내세우고 거둬들일 수 있는 편안함이다.

주름을 당기고, 레이저로 지지며, 앞다퉈 경쟁 삼아
조금이라도 더 오랫동안 젊음을 부여잡고 싶어 하는 시대를 역행하는,
본연의 이완된 삶에 순응하며 살아가고자 하는 순리이다.
인생 1막에서 배운 채움의 기술로
인생 2막의 비움을 실천한다.
모래 한 줌 쥐어본다.
이내 손가락 사이로 흘러내려,
딱 움푹한 손바닥만큼 남았다.
쥐었던 손을 펼치니 얕은 바람에도 후루룩 흩어진다.
하루살이와 다를 게 무언가?

> 전환기는 분리하는 과정으로서 과정의 전환이며, 모순을 해결하기 위한 시도로서 안정보다는 변형의 시기라는 심상이 있다. (중략) 전환기란 약속의 시기이자, 더 나은 미래를 위한 희망과 가능성의 시기이며, 분리와 상실의 시기이기도 하다(Levinson, 1996/2012).

중년 또한 분리와 모순이 병행하는 변형의 시기이다. 그간 짊어졌던 책임과 의무에 쌓인 희생이 빛을 발하거나, 반복되는 체념과 결심으로 침체와 생산이라는 모순에 부딪힌다. 뿐만 아니라, 삶이 재평가되는 시점이다. 평가에 따라 수정되어야 하는 부분들을 가지며, 그 과정에서 경험하는 혼란은 스트레스를 증가시킨다. 왜냐하면 레빈슨(Levinson, 1996/2012)의 말처럼 개별화와 진정한 소통의 대상을 갖고자 하는 욕망이 더욱 강해지기 때문이다. 창작자들이 갖는 중년의 통상적인 슬픔과 실망감, 씁쓸함과 분노, 후회와 환멸, 질병과 죽음, 부모 봉양 등의 혼란은 재평가에 따르는 곤혹스러움의 묘사이다.

> 중년에는 자아나 세계와 더 내적으로 정의된 관계를 형성해야 하는데, 감정과 심상을 동반한 긴박한 질문들이 생성된다. "도대체 나는 누구지? 나에게 가장 중요한 것은

> 무엇이지? 내 인생의 다음 계절에는 어떻게 살려고 노력해야 하는 걸까?"(Levinson, 1996/2012)

중년이 무언가 잘 정립되고 정돈된 시기라기보다 해결되지 못한 문제들과 새로운 문제의 축적으로 다시금 '나'라는 존재에 대한 의문을 품는 시기인 것이다. 이런 혼란 중에 역할마저 전환된다.

> 중년의 부모-자녀 관계는 동등한 의미에서 서로를 한 개인으로 간주하는 대칭적인 관계를 형성하는 것이 필요하다. 즉, 부모는 자녀를 어린애가 아닌 성인 친구로 간주하며, 자녀는 부모를 보상-처벌-지도하고 선시선능한 사람이 아니라, 동등한 한 개인으로 간주하는 것이다. 그러나 그들은 어느 정도 예전의 의미를 그대로 지닌 관계로 남아있다(Levinson, 1996/2012).

여전히 어리고 부족한 자녀에 대한 인식을 전환해야 한다. 변화하는 인식을 과거의 관계에서 남겨진 추억과 함께 공유해야 하는 것이다. 뿐만 아니라, 늙어가는 부모와의 관계에서도 변화하고 있는 역할을 마주하게 된다.

즉, 중년은 자녀 독립으로 인한 상실감, 슬픔과 분노, 의존과 죄책감이라는 고통과 더불어 노화하는 부모에 대한 염려와 감사,

실망과 후회, 오만과 무관심, 사랑과 존경이라는 다양한 감정을 대면하게 된다.

> 중년에는 부모의 죽음을 전후하여, 내면의 부모 형상뿐 아니라 실제 부모와의 관계를 개선하는 중요한 발달 과제가 있다(Levinson, 1996/2012).

자식은 더 이상 어린 자녀가 아니며, 부모 또한 더는 호령하며 주름잡는 권위적 위치에 있지 않다. 그러나 여전히 자녀는 자녀이며 부모는 부모인 채로인 이 모순에 대한 해결책이 마련되지 않는 한, 관계에서 비롯되는 어려운 질문들에 대한 해답은 오답일 수밖에 없다. 레빈슨이 제안하는 중년의 발달 과제를 완수하기 위한 방법은 관계의 재구조화와 평등이다. 새롭게 맞는 변화에 조화로운 실천을 위해서는 분리된 인격체로서의 평등한 관계 형성이 필요하다는 것이다.

맺음말

알버트 슈바이처(Alvert Schweitzer)는 말한다.

> "20살에 사람은 신이 주신 얼굴을 갖고 있으며,
> 40살에는 삶이 준 얼굴을, 그리고
> 60살에는 스스로가 얻은 얼굴을 갖고 있다."

우리 각자는 어떤 얼굴로 오늘을 숨 쉬고 있는지 생각해 보게 된다. 신이 줬다는 얼굴은 여리고 청순한 표정일까? 삶이 준 얼굴은 군더더기가 붙은 표정을 말하는 걸까? 스스로가 얻은 얼굴은 곰살맞은 어른의 표정인 걸까? 이런 생각은 대부분이 바라는 선하고 함께하고 싶은 모습이지 않을까?

그럼, 실제의 모습은 어떤 표정일까? 그건 자신보다 타인의 눈에서 늘 만나지는 모습일 거다. 즉, 무의식처럼 자신보다는 타인이 더 잘 안다는 것이다.

난화 작업이 그렇다.

가끔은 외면하고 싶은 이야기가 묘사되고, 당혹감에 감추거나 왜

곡시킨다. 그러나 작업이 짙어질수록 인정할 수밖에 없는 개인적인 통찰이 발생한다. 굳이 누군가 옆에서 개인의 무의식을 자극하지 않더라도 여러 번의 탐색하는 시간을 통해 깨우쳐진다. 그것이 혼란스럽거나 더디다면, 전문가의 견해를 취해볼 수도 있다.

우리가 알지도 못하는 무의식을 작업하는 이유는 그것이 폭주하여 나를 나답게 하지 못하는 상황을 막기 위함이다. 인간 존엄의 기본은 '나답게 존재하는 것'이다. 모두가 스스로의 존엄을 지켜가며 살아갈 수 있는 날을 꿈꾸며, 낙서에서 마음으로 통하는 길을 안내받고 여행을 시작했다. 이 여정을 통해 조금이나마 위로가 되었길 바라며, 사신의 허물로 여겨질 수 있는 속 이야기를 나눠준 모든 분께 감사의 인사로 마친다.

참고문헌

강신주(2015). 강신주의 감정수업. 서울; 민음사.

고수진(2023). 청소년을 생각하는 청소년 교육. 서울; 창조와 지식.

신지은, 김가영(2018). 청소년의 외로움과 목소리에 대한 주의 및 해석, 한국청소년연구, 29(1), 295-321.

Darwin, C. R.(1872). The Expression of the Emotions in Man and Animals, 인간과 동물의 감정 표현, 김성한 옮김(2020). 서울; 사이언스북스.

Elkind. D.(1981). All grown up and no place to go. 김성일 옮김(1994), 다 컸지만 갈 곳 없는 청소년. 서울; 교육과학사, 1996), 40.

Hall, G. S.(1904). Adolescence. New York: appleton.

James, B.(1994). Handbook for treatment of attachment: Trauma Problems in children(pp. 2-67). New York; Lexington Books.

Levinson, J. D(1996). The seasons of a woman's life. 여자가 겪는 인생의 사계절. 김애순 옮김(2012). 서울; 이화여자대학교출판부.

Winnicott, D, W.(1965). The Maturational Processes and the Facilitating Environment. 성숙과정과 촉진적 환경. 이재훈 옮김(2000). 서울; 한국심리치료연구소.

Klein, M.(1933). The Early Development of Conscience in the Child. Contributions, Passim.

Freud. S.(1933). Neue Folge der Vorlesungen zur Einführung in die Psychoanalyse. 새로운 정신분석 강의. 임홍빈, 홍혜경 옮김(2011). 파주; 열린책들.

Freud. S.(1923). Das Ich und das Es. 정신분석학의 근본 개념. 윤희기, 박찬부 옮김(2011). 파주; 열린책들.

Freud. A.(1993). The Ego And The Mechanisms of Defence. 자아와 방어기제. 김건종 옮김(2024). 파주: 열린책들

Spitz, R.(1958). On the Genesis of Super-ego Components. Psychoamalytic. Study of the Child, XIII, 375-404.

Hrdy, S, B.(1999). Mother nature. 어머니의 탄생. 황희선 옮김(2012). 서울; 사이언스 북스.

Bowlby. J.(1969). Attachment. 애착, 김창대 옮김(2011). 파주; 나남.

Spinoza. B.(1677). Ethica in ordine geometrico demonstrata. 에티카. 황태연 옮김(2014) 서울; 비홍출판사.

Twain, Martk.(1885). Life on the mississippi. 태혜숙 옮김(1998). 미시시피 강의추억. 서울; 홍진북스

Gray, P. B. & Anderson, K. G(2010). Fatherhood: evolution and human paternal behavior. 한상연 옮김(2011). 아버지의 탄생. 서울; 초록물고기.

Fairbairn, W. R. D.(1943). Thewar neuroses-their nature and

significance. In An Object Relations Theory of Personality, pp. 256-288. New York: Basic Books.

Mahler, M. S., Pine, F., & Bergman, A.(1975). The Psychological Birth of the Human Infant. Net York: Basic Books.

Hamilton, N. G.(1988). Self And Others: Object relations theory in practice. 대상관계 이론과 실제: 자기와 타자. 김진숙, 김창대, 이지연 옮김(2011). 서울; 학지사.

조윤제(2014). 말공부. 서울; 흐름출판.

Dinouart, J. A.(1771). L'art de se taire. 침묵의 기술. 성귀수 옮김(2016). 파주; Book21.

Saul. L. J.(1979). The childhood emotional pattern in marriage. 행복한 결혼 멋있는 이혼: 결혼의 정신분석적 이해, 정방자 옮김(2008). 서울; 학지사.

Saul. L. J.(1979). The childhood emotional pattern and maturity. 아동기 감정양식과 성숙. 천성문, 이영순, 박순득, 정봉희, 장문선, 김수령 공역(2007). 서울; 학지사.

Vries. A. d., & Vries. A. d(2009). Elsevier's Dictionary of symbols and imagery second, enlarged edition. 인간 본성과 삶의 이해를 위한 상징과 이미지 사전. 장미경, 권미라, 김소명, 정현숙 공역(2024). 서울; 학지사.

무질서한
무의식의
향연

난화이야기

1판 1쇄 2025년 9월 10일

저자 원종아
발행인 이경화

발행처 디자인21
주소 04560 서울특별시 중구 퇴계로 293-1 3층
전화 02-2269-6561(대)
팩스 02-2269-6568
e-mail 21publish@naver.com
블로그 https://blog.naver.com/publish21
인스타 https://www.instagram.com/21publish.co.kr
홈페이지 https://21publish.co.kr

등록번호 제1-1128호
등록일자 1991. 2. 12

ISBN 978-89-6131-191-5 93180

정가 16,000원